LA GUERRA FRÍA

El largo conflicto que dividió
al mundo en dos bloques

LA GUERRA FRÍA

El largo conflicto que dividió
al mundo en dos bloques

Por Xavier De Weirt
En colaboración con Thomas Jacquemin
Traducido por Marina Martín Serra

Historia en50MINUTOS.

LA GUERRA FRÍA

DATOS CLAVE

- **¿Cuándo?** Entre 1947 y 1991
- **¿Dónde?** En América, Europa, Asia y África
- **¿Contexto?** Conflicto ideológico entre la Unión Soviética y los Estados Unidos después de la Segunda Guerra Mundial (1939-1945)
- **¿Protagonistas?**
  - Joseph Stalin, hombre de Estado soviético (1878/1879-1953)
  - Andréi Zhdánov, político soviético (1896-1948)
  - Harry S. Truman, hombre de Estado estadounidense (1884-1972)
  - George F. Kennan, diplomático estadounidense (1904-2005)
- **¿Resultado?** Victoria de los Estados Unidos
- **¿Repercusiones?**
  - El fin del orden bipolar
  - La globalización
  - Las desigualdades Norte-Sur
  - Las guerras étnicas
  - El islamismo radical
  - El terrorismo internacional

INTRODUCCIÓN

La Segunda Guerra Mundial termina con la capitulación de Japón el 14 de agosto de 1945, después de los bombardeos atómicos de Hiroshima y Nagasaki. Los Estados Unidos y la

Unión Soviética salen del conflicto fortalecidos; Europa, por su parte, termina exhausta. Entonces, las dos grandes potencias intentan ponerse de acuerdo para organizar la paz mundial, pero rápidamente surgen tensiones entre estos regímenes políticos y económicos totalmente opuestos.

De 1947 a 1953, una primera fase de enfrentamientos entre las dos superpotencias divide a Europa y Asia en dos bloques políticos y militares. Sin embargo, el control conjunto del armamento nuclear disuade la apertura a un conflicto mundial generalizado, por lo que los conflictos armados estallarán en los márgenes de un espacio Este-Oeste cerrado, causando varios millones de muertes. Rusos y estadounidenses compiten por el potencial destructivo y participan en una impresionante carrera armamentística, sentando las bases para la existencia de un mundo bipolar estable. Pero en 1962, con la crisis de los misiles de Cuba, casi estalla una guerra nuclear entre ambos; tras estos acontecimientos, surge la idea de que se necesita urgentemente un control más estricto de los arsenales militares.

A mediados de los años sesenta, la hegemonía de las dos grandes potencias presenta algunos defectos: la descolonización, el surgimiento de nuevos actores, las dificultades económicas y las duras críticas de la opinión pública mundial afectan a los propios fundamentos del condominio (derecho de soberanía ejercido por varios estados sobre un territorio) americano-soviético, imponiendo una fase de distensión entre los dos bloques.

A finales de los años setenta, surgen nuevas tensiones que hacen revivir los temores de una guerra mundial. La invasión de Afganistán por parte de las tropas soviéticas en diciembre de 1979 sume a la federación en una grave crisis social, política y económica. Cuando Mijaíl Gorbachov llega al poder en 1985, se cree que el fin de la guerra con los Estados Unidos está cerca. No obstante, los últimos intentos de reformar el aparato soviético provocan divisiones dentro del Partido Comunista, mientras que las economías socialistas de todo el mundo empiezan a desmoronarse. Con el colapse definitivo de la Unión Soviética en 1991, se pone fin a la Guerra Fría que, con importantes consecuencias, trazará la silueta del futuro global.

CONTEXTO

LA UNIÓN DE LAS POTENCIAS

En junio de 1941, en plena guerra mundial, se forma una gran alianza entre países con ideologías totalmente opuestas: con tal de sumar esfuerzos para derrotar a la Alemania hitleriana, la Gran Bretaña de Winston Churchill (1874-1965) y los Estados Unidos de Franklin Roosevelt (1882-1945) deciden combatir al lado de la Unión Soviética de Joseph Stalin. Juntos, consiguen que la Alemania nazi capitule el 8 de mayo de 1945, tras lo que deben negociar el reparto del poder en el mundo, el precio que Alemania tendrá que pagar por los daños causados durante la guerra y, sobre todo, el restablecimiento de un orden mundial pacificado.

LA APARICIÓN DE NUEVAS RELACIONES DE PODER EN 1945

Los Estados Unidos

Los Estados Unidos son los grandes vencedores de la Segunda Guerra Mundial: sacan provecho de la economía de guerra, con un producto nacional bruto que aumenta en un 220 % desde que entran en el conflicto en diciembre de 1941, y sus pérdidas materiales y humanas son limitadas. Los estadounidenses también disponen de un ejército muy eficaz tanto a nivel de efectivos humanos como tecnológicos. De hecho, es el único país que posee el arma atómica, desarrollada con la ayuda de científicos y militares nazis algunos años antes. Su salud financiera es tan buena que, al final del conflicto, el país proporciona alrededor del 50 % de la producción industrial mundial y participa en un tercio de las exportaciones mundiales. Su objetivo a corto plazo es desmovilizar a los 12 millones de soldados que todavía se encuentran en el extranjero y reconvertir su economía.

La Unión Soviética

Por su parte, la Unión Soviética sufre el mayor número de pérdidas humanas de la guerra (alrededor de 20 millones de personas), y pierde una gran parte de sus capacidades materiales. Las autoridades cifran los daños directos causados por el conflicto en 679 mil millones de rublos. Sin embargo, el sistema soviético, basado en la planificación, el colectivismo y la autoridad restrictiva de un solo partido, demuestra su eficacia durante el período de entreguerras. Así, dado el contexto internacional, para los principales responsables políticos es esencial reequilibrar el complejo industrial-militar ruso. En 1946, la aplicación del Cuarto Plan Quinquenal (documento de planificación estatal que organiza el desarrollo económico en un período de cinco años) permite la rápida recuperación de los principales sectores de la economía soviética. Esta recuperación es de vital importancia ya que, con los Estados Unidos, la Unión Soviética es la única potencia capaz de ejercer una influencia significativa en este periodo de posguerra. Al igual que los millones de soldados estadounidenses que permanecen en el extranjero, su poderoso ejército mantiene su presencia en los países liberados. Por lo tanto, aunque la Unión Soviética sale muy perjudicada de la guerra, puede pretender entrar en la categoría de superpotencia con total legitimidad.

Europa

Por el contrario, los países europeos están devastados: se ha diezmado su población, han sufrido pérdidas materiales catastróficas y su economía se ha paralizado. En la esfera política reina una gran inestabilidad, debida al final de la ocupación alemana y al retorno de los gobernantes a sus países, que pronto se traduce en revueltas. Los pueblos que fueron sometidos directamente a la invasión alemana encuentran la figura del héroe de guerra en el bando de la Resistencia y no en los políticos exiliados. Por consiguiente, algunos movimientos sociales ven la luz, a menudo apoyados por los partidos comunistas europeos, que, en efecto, desempeñan un papel muy importante en la alimentación de la Resistencia europea, en particular gracias a la acción centralizadora de la Komintern (Internacional Comunista bajo control soviético, disuelta en 1943). Gracias a sus acciones decisivas contra el ejército alemán, la Unión Soviética es muy popular entre las naciones occidentales. Así, durante las primeras votaciones, los partidos comunistas obtienen resultados históricos. En Gran Bretaña, los partidos de izquierdas también ganan las primeras elecciones organizadas después de la guerra, algo que despierta los miedos a un acercamiento con movimientos comunistas. En Bélgica, el anuncio del regreso al trono del rey Leopoldo III (1901-1983), muy conciliador con los alemanes durante la guerra, conduce al país al borde de la guerra civil. En Grecia, a pesar de un acuerdo territorial en 1944 entre Joseph Stalin y Winston Churchill, estalla una guerra fratricida en marzo de 1946, que enfrenta a los comunistas del general Markos (1906-1992) con las tropas monárquicas del rey Jorge II (1890-1947). El conflicto termina en 1949 con la derrota de los comunistas.

El resto del mundo

La situación es igualmente compleja en el resto del mundo debido a una importante colonización, visible sobre todo en África y Asia. Pero América Latina también sufre de lleno este fenómeno y pasa bajo el dominio absoluto de los Estados Unidos. Japón, en el grupo de los grandes perdedores de la guerra, ve cómo tras su rendición las potencias se reparten sus conquistas territoriales: los Estados Unidos y la Unión Soviética se reparten una gran cantidad de islas, mientras que Corea es dividida por el paralelo 38. Manchuria es entregada a China, donde comienza una guerra entre las tropas comunistas de Mao Zedong (1893-1976) y el movimiento nacionalista de Chiang Kai-shek (1887-1975).

LA ESCALADA DE LAS TENSIONES (1945-1947)

El final de la guerra en Europa impone a las principales potencias vencedoras el deber de reunirse en cumbres internacionales. En febrero de 1945, mientras que la guerra todavía está en marcha, Joseph Stalin, Winston Churchill y Franklin Roosevelt se reúnen para negociar durante una semana en la pequeña ciudad de Yalta, en Crimea. Los Tres Grandes excluyen a la Francia del general de Gaulle puesto que, al haber colaborado con Alemania, no reconocen que tenga su mismo estatus.

Fotografía tomada durante la Conferencia de Yalta.

El objetivo de la conferencia es organizar el final del conflicto y la transición hacia la paz en Europa, y hacerle pagar el precio de la guerra a Alemania. Para lograrlo, los Tres Grandes deciden ocupar Alemania, dividirla en zonas —cada una administrada por una de las tres potencias— y otorgar uno de sus territorios a Francia. El objetivo de esta medida es desmantelar el país para que se vuelva inofensivo. Por otra parte, es necesario establecer elecciones libres en todos los países liberados de Europa para reafirmar el derecho de cada pueblo a la autodeterminación. Finalmente, los vencedores se ponen de acuerdo en la necesidad urgente de establecer un sistema de seguridad colectivo entre las naciones para evitar que tenga lugar otra guerra mundial. Pero, aunque los objetivos están claros, rápidamente surgen los propósitos hegemónicos de los Estados Unidos y de la Unión Soviética, lo que produce un aumento de la desconfianza mutua.

En el bando estadounidense, el 12 de abril, Harry Truman sucede a Franklin Roosevelt tras la muerte de este último. El nuevo presidente tiene la intención de aprovechar la supremacía estadounidense para tomar las riendas de las relaciones diplomáticas e imponer las reglas del comercio internacional. De hecho, los Estados Unidos se presentan como los defensores de un mundo libre y democrático, que funciona según los mecanismos de la economía de mercado. Tras los acuerdos de Bretton Woods en 1944, el dólar alcanza el puesto de moneda de referencia en las transacciones internacionales, lo que permite firmar los acuerdos del GATT (*General Agreement on Tariffs and Trade*, Acuerdo General sobre Aranceles Aduaneros y Comercio) en 1947 para suprimir las barreras arancelarias y establecer el libre comercio a nivel mundial. A nivel político, el 26 de junio de 1945 se crea la Organización de las Naciones Unidas (ONU), formada por una Asamblea General y un Consejo de Seguridad, con el fin de mantener la libertad de los pueblos y la paz entre las naciones. Estas nuevas instituciones garantizan plenamente los intereses políticos, económicos y financieros de los Estados Unidos. Estos, que son la única nación que posee el arma atómica cuando termina la guerra, buscan implementar una instancia de control que garantice su superioridad en materia nuclear.

Las intenciones de la Unión Soviética son bastante diferentes ya que, por encima de todo, busca ampliar su esfera de influencia en Europa del Este y reforzar su posición estratégica en Asia. Stalin defiende la idea de que «todo el que ocupa un territorio, también le impone su propio sistema social. Todos imponen su propio sistema hasta tan lejos como llegan sus ejércitos» (Kissinger 2016, cap. 8). Aunque el secretario general del Partido Comunista pone en marcha el «socialismo» en la Unión Soviética durante el período de entreguerras, la potencia de su sistema ideológico-político y la fragilidad del mundo le permiten consolidar su posición y extender el comunismo sobre una base más amplia. En la práctica, Stalin quiere instaurar gobiernos aliados en los diferentes países que él mismo ha liberado, firmar alianzas con los regímenes afines y apoyar a las guerrillas comunistas en algunas zonas estratégicas.

LA DIVISIÓN DE ALEMANIA

En el momento de la Liberación, Alemania no es más que un inmenso montón de ruinas en el corazón de Europa. Después de la Conferencia de Yalta, las tres potencias vencedoras, a las que se suma Francia, llevan a cabo el reparto del territorio, mientras que se pone en marcha un consejo de control para dirigir la administración del país.

Durante la Conferencia de Potsdam, del 17 de julio al 2 de agosto, los Tres Grandes se ponen de acuerdo sobre el desmantelamiento del capital industrial de Alemania para destruir las redes del poder que apoyaron al nazismo, así como sobre el traspaso de las reparaciones. Detrás de esta reclamación se encuentran principalmente los soviéticos, ansiosos por reconstruir su país rápidamente, sobre todo mediante material tomado de Alemania. También se produce una división del territorio:

- el oeste queda sometido a la autoridad de las tres potencias occidentales y repartido en zonas;
- el este de Alemania es administrado por la Unión Soviética;
- la capital, Berlín, situada en la zona soviética, también se divide entre las tres potencias.

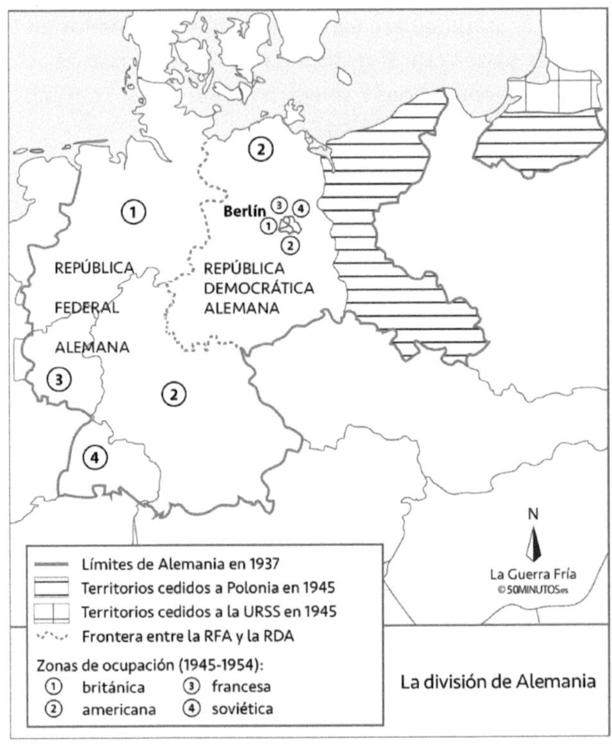

La división de Alemania

A pesar de esta división, las potencias consideran que es importante mantener una Alemania unificada. También se modifican las fronteras de Alemania, y una parte del este se anexiona a Polonia. Asimismo, los Estados, dentro de sus posibilidades, proceden a la desnazificación en su zona.

Esta política común muestra rápidamente sus límites, puesto que cada potencia administra su territorio a su manera y según sus intereses. Por ejemplo, los franceses y los soviéticos buscan sacar provecho de los bienes alemanes para lograr la recuperación de su propia economía. La Unión Soviética lleva a cabo igualmente reformas agrarias y la nacionalización de las principales industrias, anticipando al mismo tiempo la puesta en marcha de un futuro Estado socialista. Frente al colapso económico y al temor de una nueva crisis social, los angloamericanos dan prioridad a una modernización de Alemania. Así pues, deciden limitar el desmantelamiento industrial, rechazan todas las reparaciones acordadas a la Unión Soviética y pronto ponen freno a la desnazificación para mantener la eficiencia de las instituciones. Para facilitar estas medidas, ambos Estados también planean unificar su zona.

Las tensiones aumentan en este contexto, anunciando la entrada inminente en la Guerra Fría.

BIOGRAFÍAS

JOSEPH STALIN, HOMBRE DE ESTADO SOVIÉTICO

Retrato de Stalin.

Iósif Vissariónovich Dzhugashvili, conocido como Stalin, es un político soviético originario de Georgia (suroeste de Rusia), que procede de un entorno campesino y pobre. Durante su infancia, recibe una educación muy religiosa (Iglesia ortodoxa) contra la que luchará más adelante. Su carácter es sólido, o incluso tosco, y durante su juventud cultiva un gran interés por la literatura realista.

Como respuesta a las enseñanzas de la Iglesia, se une a la ideología revolucionaria que se asienta en Rusia en la segunda mitad del siglo XIX bajo la influencia de la Primera Internacional comunista dirigida por Karl Marx (teórico del socialismo y revolucionario alemán, 1818-1883). Miembro del Partido Socialdemócrata Ruso, es un militante muy comprometido contra la política de los zares. Obligado a vivir en la clandestinidad durante 18 años, lleva una vida extremadamente dura y peligrosa. De 1902 a 1911, lo llevan varias veces a los campos de concentración en Siberia, de donde siempre consigue escapar.

En 1913 adopta el nombre de Joseph Stalin (literalmente, «el hombre de acero»). Después de su primer encuentro con Lenin (revolucionario y hombre de Estado ruso, 1870-1924) en 1905 y luego con León Trotski (político soviético, 1879-1940) en 1907, entra en el Comité Central bolchevique y se convierte en el responsable de la acción revolucionaria en Rusia. En 1913, es detenido de nuevo y deportado durante cuatro años a un campo cerca del círculo polar ártico, del que será liberado en el momento de la Revolución rusa (1917).

De 1917 a 1922, Stalin ocupa el puesto de comisario del pueblo de Asuntos Nacionales dentro del Partido Bolchevique. Este período se caracteriza también por la reconstrucción del país, devastado por la guerra. A pesar de tener violentos enfrentamientos con Trotski, creador y principal estratega del Ejército Rojo, Stalin es elegido a la cabeza del Partido Comunista el 3 de abril de 1922. Ocupa la posición más alta del poder soviético y le da el nombre de Unión de Repúblicas Socialistas Soviéticas (URSS) a su territorio.

Durante los primeros años de su mandato, Stalin hace una depuración de 140 000 miembros del partido y se opone enérgicamente a Trotski, que defiende la teoría de la revolución permanente a nivel mundial. El hombre de acero pretende llevar la revolución al interior de las fronteras rusas y poner en marcha el «socialismo». Para lograrlo, refuerza significativamente los poderes del Estado e instaura un régimen autocrático y policial excesivamente represivo. La economía soviética estalinista se basa en la aplicación de planes quinquenales cuya prioridad se centra en la industria pesada. Se prohíbe la propiedad privada, lo que resulta en la deportación y la ejecución de muchos miembros de las clases campesina y burguesa. Asimismo, las tierras agrícolas se dividen en dominios del Estado (los sovjós). En una fase de distensión en el ámbito nacional e internacional (1933-1935) se produce la atrocidad de las purgas de Stalin: durante los «Juicios de Moscú», los opositores políticos de Stalin son sistemáticamente condenados y ejecutados por motivos muy extravagantes. Estas purgas se retransmiten por todo el mundo y originan importantes dudas sobre la verdadera naturaleza del régimen soviético.

El 30 de septiembre de 1938, poco antes del estallido de la Segunda Guerra Mundial, Francia y Gran Bretaña confiesan su impotencia ante Alemania y firman los Acuerdos de Múnich, entregando Checoslovaquia a Hitler (1889-1945) y allanando el camino para una penetración alemana hacia el este. El 23 de agosto de 1939 Stalin, para protegerse, firma un pacto de no agresión germano-soviético con Hitler; sin embargo, el 22 de junio de 1941, el ejército alemán ataca la Unión Soviética por sorpresa, violando el acuerdo. Ante este hecho consumado, Stalin sella una alianza con Winston Churchill que pronto se amplía a los Estados Unidos de Roosevelt, que oficialmente entran en guerra en diciembre de 1941. Esta gran alianza le permite a la Unión Soviética frenar al ejército alemán por el este y recuperar sus posiciones en los territorios orientales, hasta la victoria decisiva de Berlín. Este éxito soviético, apoyado por la propaganda, le permite a Stalin presentarse como un gran estratega. Al llegar a la cima de su gloria, aprovecha su victoria para impulsar la Unión Soviética con el fin de consolidar su posición en Europa y en Asia. El abismo que separa las concepciones soviéticas y occidentales sobre el destino del mundo augura un enfrentamiento ideológico importante con los Estados Unidos.

Tras la muerte de Stalin en 1953 nace la esperanza de un apaciguamiento en las relaciones internacionales.

ANDRÉI ALEKSÁNDROVICH ZHDÁNOV, HOMBRE POLÍTICO SOVIÉTICO

Político e ideólogo soviético, Andréi Zhdánov se afilia al

Partido Bolchevique en 1915 y participa en su implantación territorial. En 1927 se convierte en miembro del comité central del partido. Gran partidario de Joseph Stalin, en los años 30 trabaja para movilizar toda la cultura soviética al servicio del partido. En 1934, se convierte en el pilar ideológico de éste y desarrolla la doctrina del realismo socialista, persiguiendo el objetivo de someter por completo el arte soviético y la vida intelectual a la ideología soviética. En 1938, Stalin lo nombra director de la propaganda y, un año más tarde, entra en el Politburó (órgano consultivo del Partido Comunista), lo que le permite participar en la elaboración del pacto germano-soviético.

A partir de 1945, en el momento de reconstruir el país, es uno de los principales instigadores de la vuelta al voluntarismo de antes de la guerra. En este contexto, lucha contra las corrientes libertarias nacidas durante la guerra y refuerza los controles en los círculos artísticos e intelectuales. Cuando se forman los bloques ideológicos en el inicio de la Guerra Fría, es el padre de la doctrina Zhdánov, que desarrolla la teoría de los dos bandos: el del imperialismo americano, comparado con el fascismo, y el de la URSS, que garantiza la emancipación de los pueblos oprimidos. También es él quien en 1947 establece la Kominform, el órgano que, como reacción a la doctrina Truman, une la acción de los partidos comunistas europeos. Esta doctrina guía la acción ideológica de la Unión Soviética durante la Guerra Fría e incita a los países liberados del colonialismo a acercarse al comunismo. Apartado del poder por Stalin, muere de un ataque al corazón en 1948.

HARRY S. TRUMAN, HOMBRE DE ESTADO ESTADOUNIDENSE

Retrato de Harry S. Truman.

Presidente estadounidense nacido en Lamar (Misuri), Harry S. Truman procede de una modesta familia de agricultores.

Estudia en Independence, una pequeña ciudad de 6000 habitantes. Sin embargo, su padre se arruina al especular con el precio del maíz, por lo que el joven Harry debe sacarse de la cabeza la idea de realizar estudios universitarios. No obstante, participa en el esfuerzo de guerra de los Estados Unidos durante la Primera Guerra Mundial (1914-1918) y destaca en particular en los Vosgos (Francia).

A principios de los años veinte, se lanza brevemente en el comercio de ropa, y luego conoce a los Pendergast, una familia muy rica que rige la vida política de los demócratas en Misuri. Truman es admitido como administrador en el condado de Jackson. En 1934, los Pendergast le animan a presentarse para el cargo de senador demócrata de Misuri: así lo hace, y lo termina obteniendo. Luego se traslada a Washington, donde ocupa un escaño en el Congreso de los Estados Unidos.

Aunque el presidente Franklin Roosevelt le otorga poca importancia en la jerarquía del partido, Truman muestra una gran habilidad en el seno de diversas comisiones sobre cuestiones socio-económicas sensibles. Durante la Segunda Guerra Mundial, participa activamente en la política intervencionista de Roosevelt y logra limitar las pérdidas financieras del Estado. En 1944, es nombrado vicepresidente al lado de Roosevelt, que lo elige para excluir al controvertido Henry Wallace (1888-1965). El 12 de abril, cuando muere el presidente, Harry Truman se convierte en el 33.º presidente de los Estados Unidos. El nuevo presidente, hasta entonces muy poco involucrado en los asuntos internacionales, debe negociar la paz con los británicos y los soviéticos, así como el reparto del poder en el mundo. Para poner fin a la guerra, Truman no duda en ordenar el bombardeo nuclear de las ciudades japonesas de Hiroshima y Nagasaki.

Temiendo el control comunista en una Europa devastada, desarrolla la doctrina Truman, una política de contención militar y económica del comunismo teorizada por George Frost Kennan (1904-2005) y George Marshall (1880-1959). Luego, a partir de marzo de 1947, hace votar un préstamo de 400 millones de dólares para apoyar al ejército británico, en guerra contra los comunistas griegos, e implanta el Plan Marshall para reactivar la economía de los países de Europa occidental. En 1948, para ayudar a los occidentales, se opone al bloqueo de Berlín establecido por los soviéticos mediante un puente aéreo y, a continuación, el 4 de abril de 1949, ratifica la creación de la Organización del Tratado del Atlántico Norte (OTAN). Esta alianza política y militar de naturaleza defensiva tiene el objetivo de proteger a sus países miembros de la Unión Soviética. Por otra parte, Truman pone en práctica su política de contención en el momento de la guerra de Corea (1950-1953), donde una coalición internacional bajo la égida de los Estados Unidos se enfrenta a las tropas comunistas norcoreanas y chinas.

En las elecciones de 1952, Truman sufre una grave derrota ante el republicano Dwight D. Eisenhower (1890-1969). Entonces, se retira de la vida política para disfrutar de una jubilación apacible en su Misuri natal. Muere el 26 de diciembre de 1972. Deshonrado, incluso despreciado, por una gran parte de la opinión pública cuando se retira de la escena política, Truman recupera su prestigio más tarde y hoy en

día es considerado uno de los presidentes más importantes
de la historia de los Estados Unidos.

GEORGE FROST KENNAN, DIPLOMÁTICO ESTADOUNIDENSE

Retrato de George Kennan.

Historiador y diplomático estadounidense, George Kennan entra en el Departamento de Estado de los Estados Unidos y trabaja como asesor e informador en diferentes países, entre los que se destacan los Balcanes y la Unión Soviética. Durante la Segunda Guerra Mundial, está destinado en Berlín, Lisboa y Moscú, y luego se convierte en director político del secretario de Estado George Marshall en 1947.

En febrero de 1946, Kennan, entonces encargado de negocios en Moscú, está bien situado para informar sobre la política soviética hacia Occidente. En un largo comunicado dirigido al presidente Truman, expone las intenciones de Joseph Stalin con los Estados Unidos. Para el líder soviético, llevar una coexistencia pacífica con los países capitalistas es algo simplemente intolerable y, aunque no es conveniente entrar en un conflicto armado con los occidentales, una lucha permanente entre dos centros de poder —uno capitalista y otro comunista— para dominar el mundo es algo inevitable. El embajador de los Estados Unidos expone entonces una teoría de la contención del comunismo que favorece una intervención militar y económica de los Estados Unidos en la escena internacional. En su telegrama, Kennan alerta en especial a sus superiores acerca de la eficacia de las acciones soviéticas encubiertas (propaganda, espionaje, etc.) y la importancia de hacerle frente de forma muy organizada, trabajando sobre todo en la mentalidad de los pueblos.

LA GUERRA PSICOLÓGICA

Los métodos de guerra psicológica son una de las armas estratégicas clave de la Guerra Fría en Europa: la naturaleza del conflicto impone el recurso a la propaganda y a los servicios secretos para ganar la batalla ideológica a ambos lados del telón de acero.

Los soviéticos dominan las tácticas de persuasión de los pueblos a la perfección, mientras que los europeos tienen poderosos servicios de inteligencia y de información, que no disuelven después de la guerra. Los británicos, por su parte, participan activamente en la batalla ideológica proporcionando material y métodos de propaganda para influenciar a las opiniones en el extranjero.

En diciembre de 1947, el Gobierno de los Estados Unidos crea una Agencia Central de Inteligencia (Central Intelligence Agency, CIA, por sus siglas en inglés), cuya función es diseñar todos los medios necesarios para derrotar la ideología comunista en todo el mundo. Por su parte, en enero de 1948, los británicos crean el Information Research Department para desarrollar acciones de propaganda anticomunista. Desde entonces, los estadounidenses y los británicos se unen para mermar la influencia comunista en el mundo.

A principios de 1947, George Kennan vuelve a los Estados Unidos, a petición del secretario de Estado George Marshall, para dirigir el nuevo departamento de estrategia política exterior estadounidense y, como tal, desarrollar un plan de asistencia económica para Europa. En julio, el telegrama de George Kennan se publica de forma anónima en la famosa revista política estadounidense *Foreign Affairs*; en marzo de

1947, esto desembocará en la doctrina Truman, que firma la entrada oficial del país en la Guerra Fría contra la Unión Soviética.

En los años cincuenta, es embajador en Moscú, y después trabaja en la Universidad de Yugoslavia durante la década siguiente. En ese momento, comienza a publicar una serie de obras importantes dedicadas a la historia diplomática y a la estrategia política de los mundos ruso y norteamericano, alimentando un intenso debate en los círculos intelectuales. Durante los años setenta, es profesor de historia en el Instituto de Estudios Avanzados de la Universidad de Princeton. En la época de distensión entre los dos bloques, George Kennan reconsidera su posición inicial y preconiza la retirada de las fuerzas estadounidenses de Europa al final de la Guerra Fría.

Muere el 17 de marzo de 2005 con 101 años.

LA GUERRA FRÍA

UN CONFLICTO DIFÍCIL DE ENTENDER

En 1947, Bernard Baruch (1870-1965), asesor cercano a Franklin Roosevelt, populariza la denominación «Guerra Fría». Con este término desea poner de relieve las tensiones existentes entre los Estados Unidos y la Unión Soviética que, aunque son muy intensas, es difícil que conduzcan a un conflicto armado.

Aunque muchos limitan la Guerra Fría a los años 1947-1991, período que comienza con la puesta en práctica de doctrinas ideológicas opuestas —la de Truman y la de Zhdánov— y termina con la caída de la Unión Soviética, estas fechas son arbitrarias. En efecto, bajo el término «guerra fría» se esconden diferentes acepciones. En los círculos académicos, algunos reducen el enfrentamiento a los primeros años solamente —relativos a la constitución de los bloques—, desde el final de la Segunda Guerra Mundial hasta la muerte de Joseph Stalin el 5 de marzo de 1953. Otros prefieren hablar en este caso de «primera guerra fría», diferenciándola de una «segunda guerra fría», de 1979 a 1983, caracterizada por la nueva escalada de tensiones. La crisis de los misiles de Cuba, en 1962, constituye otro hito elegido para terminar el conflicto, ya que viene seguida por una larga fase de distensión. Finalmente destacamos que, con respecto al enfrentamiento ideológico entre el comunismo ruso y el capitalismo estadounidense, a veces es más coherente iniciar la Guerra Fría en 1917, cuando comienza la revolución bolchevique y se topa con los objetivos universalistas del presidente de los Estados Unidos del momento, Thomas Woodrow Wilson (1856-1924). A menudo se habla de la caída del muro de Berlín, el 9 de noviembre de 1989, como del evento que marca el final de la Guerra Fría. En realidad, el acontecimiento impulsa una caída progresiva de los regímenes sovietizados, que no desaparecen definitivamente hasta 1991. Y lo que es más interesante todavía es que se puede plantear la hipótesis de que la Guerra Fría no ha terminado de verdad hoy en día, ya que algunos regímenes comunistas o afines (en particular en China, Cuba y Corea del Norte) siguen conviviendo dentro de una economía mundial capitalista. Por otra parte, el fortalecimiento de Rusia en la escena internacional en los últimos años muestra reminiscencias del conflicto Este-Oeste.

EL ENFRENTAMIENTO IDEOLÓGICO EN EUROPA (1947-1949)

La Guerra Fría transcurre en Alemania, un país entonces bajo la autoridad de los estados vencedores de la Segunda Guerra Mundial (los Estados Unidos, Gran Bretaña, Francia y la Unión Soviética). La Unión Soviética, que desea mantener su posición de gran potencia después de su victoria contra Alemania en el Este, apoya desde 1945 la formación de gobiernos comunistas en los países de Europa que ha liberado (Rumanía, Hungría y Polonia). En febrero de 1946, los soviéticos deciden fusionar los partidos socialista y comunista en un solo partido del este alemán (SED). Este movimiento tiene el efecto de anclar el sistema comunista a las puertas de Europa occidental y, el 5 de marzo, Winston Churchill menciona públicamente la existencia de un «telón de acero» levantado en Europa desde Stettin (puerto de Polonia, situado en el mar Báltico) hasta Trieste (ciudad de Italia, situada en el Adriático).

Ante este escenario, los Estados Unidos y Gran Bretaña creen oportuno establecer una alianza económica en Alemania y desmarcarse ideológicamente del proyecto soviético. Por consiguiente, y debido a las dificultades económicas de Gran Bretaña durante el invierno de 1946, los estadounidenses y los británicos deciden unificar sus territorios en una bizona, aprobada en enero de 1947. Sobre la base de los análisis de George Kennan y ante la insistencia de su ministro de Asuntos Exteriores Dean Acheson (1893-1971), el presidente Truman decide iniciar una política sistemática de contención del comunismo a nivel mundial. Ésta, bajo el nombre de doctrina Truman, seguirá, a pesar de los cambios de nombre, en el corazón de la estrategia estadounidense durante toda la Guerra Fría. Para los Estados Unidos representa un cambio total en términos de política exterior. Los estadounidenses, acabando con el aislacionismo en vigor hasta la Segunda Guerra Mundial, asignan ahora recursos al extranjero para fortalecer y difundir su modelo de vida.

LA POLÍTICA DE CONTENCIÓN DEL COMUNISMO

La política de contención se basa en el trabajo de dos geógrafos anglosajones, Halford John Mackinder (1861-1947) y Nicholas Spykman (1893-1943), que en el momento de la Guerra Fría recuperan asesores políticos estadounidenses. Estas teorías demuestran que el peligro para los Estados Unidos se concentra en el hecho de dejar que una potencia controle todo el Heartland (Europa y Asia) y, por tanto, insisten en la importancia de evitar que los soviéticos amplíen su dominio hasta los océanos de Europa y Asia. Spykman sugiere que se contenga esta expansión soviética mediante el control del Rimland (espacio que separa los mares del interior de las tierras), del que forman parte Europa occidental y el sudeste asiático. Según él, «quien controla el Rimland controla Eurasia, y quien controla Eurasia controla el destino del mundo» (Vandermotten y Vandeburie 2005, 53). Sin esta protección, los estadounidenses temen un efecto dominó que haría que las naciones libres cayeran una tras otra bajo el yugo de los regímenes comunistas.

Esto explica por qué, desde los primeros tiempos de la Guerra Fría, los estadounidenses se comprometen a expulsar a los soviéticos de Irán, de Turquía y de Grecia, países que permiten el acceso a Europa y al sur de Asia. Durante el conflicto, la teoría se adapta en función de la práctica, pero el principio de la contención sigue vigente durante toda la guerra e incluso después.

La contención del comunismo se realiza en diferentes ámbitos desde el comienzo de la Guerra Fría. De 1946 a 1949, el ejército de Estados Unidos interviene en Grecia y Turquía para mantener alejados a los rusos de cualquier pretensión política en estos países. Para proteger a la Europa occidental en crisis en abril de 1947, el secretario de Estado estadounidense George Marshall propone el European Recovery Program (también conocido como Plan Marshall), que consiste en proporcionar asistencia financiera a los Estados destruidos por la guerra y que luchan para llevar a cabo su reconstrucción. De esta manera, entre 1948 y 1951, se reparten 13 mil millones de dólares entre 16 países europeos, lo que facilita su recuperación económica. En el Este, los territorios recuperados por Stalin se ven obligados a rechazar la oferta de los Estados Unidos, que los soviéticos denuncian como una prueba de imperialismo económico. Se crea una Organización Económica para la Cooperación Europea (OECE) para organizar la distribución de los fondos en el continente. El proyecto de Unión Europea que toma forma en esta época entre seis naciones prevé a la vez la armonización política de la zona. En cambio, los Estados Unidos ahora disponen de una gran influencia económica en Europa occidental, lo que les da la oportunidad de vender una abundante cantidad de su producción de bienes de consumo y exportar el modo de vida estadounidense, considerado un poderoso antídoto contra la ideología comunista.

Por su parte, los soviéticos buscan protegerse contra el aislamiento diplomático a toda costa al tomar el control del poder en Europa del Este, mientras extienden su modelo económico. En respuesta a la política de los Estados Unidos, desarrollan la doctrina Zhdánov, que toma su nombre de un ideólogo ruso encargado de la propaganda en la Unión Soviética. Durante una conferencia celebrada en Polonia en septiembre de 1947 que reúne a los principales partidos comunistas europeos, Andréi Zhdánov expresa la idea de un mundo dividido en dos bandos. Los estadounidenses son tachados de representantes del imperialismo antidemocrático y, en respuesta a esto, los soviéticos se posicionan como los defensores del antiimperialismo y de la democracia que luchan a favor de los intereses de los pueblos oprimidos del mundo. Por consiguiente, la resistencia se asimila al comunismo, que aparece como única fuerza liberadora. La conferencia lleva de manera bastante natural al nacimiento de la Kominform, un organismo con sede en Belgrado cuyo trabajo consiste en homogeneizar la acción de los partidos comunistas en Europa y desestabilizar los regímenes capitalistas. En el plano económico, también se establece en Moscú un Consejo de Ayuda Mutua Económica (CAME o Comecon). A la manera del plan Marshall, los soviéticos proporcionan también desde ese momento una valiosa ayuda económica dentro de su esfera de influencia. Stalin se enfrenta a la realidad de una reconstrucción alemana en el Oeste, para lo que tiene la intención de reforzar su influencia en Europa oriental e impone la exclusión de los gobiernos de los partidos no comunistas.

Dos importantes crisis implementan definitivamente los dos polos ideológicos antagonistas en Europa.

* En Checoslovaquia, en mayo de 1946, se instaura un gobierno democrático encabezado por un hombre cercano
  a Stalin, el comunista Klement Gottwald (1896-1953). En
  este país centroeuropeo existe un fuerte deseo de mantener un régimen abierto. Sin embargo, en marzo de 1948,
  los socialdemócratas dimiten del Gobierno, forzados
  por los comunistas. Entonces estallan movimientos de
  protesta que hacen que los comunistas teman la pérdida
  de las elecciones legislativas previstas para junio de 1948.
  El 25 de febrero, Gottwald aprovecha estas muestras de

descontento para poner a la ciudad en estado de sitio y hacer que las milicias obreras armadas bajen en masa a las calles. Este «golpe de Praga» genera presiones que desalientan a los opositores a participar en las próximas elecciones, por lo que, finalmente, los comunistas son los únicos que se presentan a las elecciones. Este acontecimiento causa una especie de psicosis en la opinión internacional, que augura la entrada inminente en un nuevo conflicto mundial.

- En la primavera de 1948, Francia se une a la «bizona» anglo-americana para formar una «trizona». Se unifica la economía y aparece un nuevo marco alemán, anunciando que la creación de una Alemania Occidental está cerca. Preocupados por lo que aparece como una nueva forma de imperialismo, los soviéticos deciden bloquear el acceso a Berlín, situado en la zona oriental. Frente a este bloqueo, los occidentales establecen un puente aéreo para abastecer a su bando. Aunque la posesión del arma atómica por parte de los estadounidenses evita una guerra abierta, ambos bloques se quedan irremediablemente paralizados. En 1949, aparecen dos nuevos Estados en el mapa del mundo, estableciendo la separación de Alemania durante más de 40 años. Por un lado, en el oeste, se funda la República Federal de Alemania (RFA), con 60 millones de habitantes, dirigida por el líder de la Unión Demócrata Cristiana (CDU), Konrad Adenauer (1876-1967), y basada en el modelo capitalista occidental. Por el otro, en el este, se crea la República Democrática de Alemania (RDA), con 17 millones de habitantes y dirigida por el comunista Otto Grotewohl (1894-1964). Estas «dos» Alemanias se convierten en el símbolo del enfrentamiento ideológico entre dos modelos de sociedad.

LA INTERNACIONALIZACIÓN DEL CONFLICTO (1950-1955)

Mientras que en Europa se configura una lógica de bloques, la Guerra Fría se extiende rápidamente a Asia, donde la situación política es explosiva. Desde Irán hasta Corea, la influencia comunista gana terreno a partir de 1946. En China, los soviéticos apoyan a Mao Zedong, el líder histórico del Partido Comunista chino, para que libre una guerra contra las tropas nacionalistas del general Chiang Kai-shek, que toman partido a favor de los Estados Unidos. El bando de los comunistas chinos, formado por unos 500 millones de personas, gana y proclama la República Popular de China (PRC) el 1 de octubre de 1949. Los occidentales son expulsados a la isla de Formosa (Taiwán).

El 15 de febrero de 1950, una alianza sino-soviética entre Stalin y Mao Zedong conduce al primer conflicto armado de la Guerra Fría. En Corea, se instauran dos regímenes opuestos a ambos lados de una frontera imaginaria situada en el paralelo 38 de latitud norte. El 25 de junio del mismo año, el ejército norcoreano, apoyado por los chinos y los soviéticos, intenta anexionar el sur de la península, pero lo frenan las tropas americanas de Truman y de la ONU. Después de tres años de lucha, ambos bandos se neutralizan, dejando aproximadamente 1 millón de muertos. Este conflicto exacerba la lucha ideológica que continúa intensificándose.

Fotografía tomada durante la guerra de Corea.

En esta época, algunas guerras de descolonización en el sudeste asiático entran también en una lógica de guerra fría. En 1945, Indochina todavía es una colonia francesa, pero está ocupada al norte por el Viet Minh del líder comunista Ho Chi Minh (1890-1969) y al sur por el ejército británico. Francia, que quiere recuperar su colonia a toda costa, decide atacar al Viet Minh en 1946 e instaura un Estado rival al sur del país. A partir de 1950, el conflicto entra en el contexto de la Guerra Fría.

Cuando la guerra de Corea ya ha comenzado, los sino-soviéticos se instalan en un segundo frente y ayudan al Viet Minh, mientras que los estadounidenses acuden para ayudar a los franceses. En 1954, Francia es derrotada en la batalla de Dien Bien Phu y se marcha del territorio, humillada. Los Acuerdos de Ginebra sellan unos meses más tarde el destino de Vietnam, ocupado en el norte por el Viet Minh de Ho Chi Minh y en el sur por un régimen militar pro-occidental dirigido por Jean Baptiste Ngo Dinh Diem (1901-1963). Las tensiones resultantes de esta división aumentan y terminan conduciendo a la guerra de Vietnam, que empieza en 1964.

EL TERCER MUNDO

A partir de 1945, se produce el proceso de descolonización en Asia y en Oriente Medio al mismo tiempo, lo que implica la aparición de decenas de nuevos Estados independientes en el espacio de 15 años. En 1955, en una conferencia histórica en Bandung (Indonesia), que reúne a representantes de 24 nuevos países, se funda el movimiento de países no alineados o tercer mundo. En referencia al Tercer Estado del Antiguo Régimen, estos expresan su voluntad de desmarcarse de los asuntos de la Guerra Fría y de reclamar un lugar en el concierto de las naciones. Sin embargo, aunque estos nuevos Estados quieren apostar por una tercera vía más allá de la Guerra Fría e intensificar el proceso de descolonización en el mundo, su lucha se integra progresivamente en la lógica del mundo bipolar.

De hecho, la Unión Soviética aparece como el aliado natural de estos Estados, a menudo asolados por una gran pobreza, pero los occidentales mantienen un control más o menos significativo sobre sus antiguas colonias. En el contexto de la creación del Estado de Israel en 1948, el proceso de descolonización en Oriente Medio también provoca el resurgimiento del movimiento panárabe bajo la égida del presidente egipcio Gamal Abdel Nasser (1918-1970). Además de la defensa del pueblo palestino y de los intereses de los pueblos árabes, este movimiento pretende acelerar el proceso de descolonización, impulsar el nacionalismo en el norte de África y perseguir a los occidentales que intentan apoderarse de las reservas de petróleo en Oriente Próximo. Sin embargo, en los años sesenta, las tensiones entre naciones árabes nacionalistas (Egipto, Irak, Siria, Sudán, Argelia y Libia) y los Estados árabes conservadores (Arabia Saudí, Kuwait, Catar y Emiratos Árabes Unidos) desembocan en una oposición Este-Oeste.

EL ESTABLECIMIENTO DE ALIANZAS MILITARES

Mientras los acontecimientos de 1948 hacen temer la inminencia de una Tercera Guerra Mundial, las potencias se dividen en dos bloques armados. Por un lado, los soviéticos forman alianzas militares con cada Estado que forma parte de su bloque europeo y firman tratados de asistencia mutua con potencias aliadas. Por el otro, el 4 de abril de 1949 los Estados de Europa occidental firman el Tratado del Atlántico Norte con los Estados Unidos y Canadá, lo que da origen a la OTAN. Esta alianza política y militar multilateral agrupa a 12 miembros fundadores (los Estados Unidos, Canadá, Francia, Gran Bretaña, Bélgica, Luxemburgo, los Países Bajos, Italia,

Dinamarca, Islandia, Noruega y Portugal) y se basa en un principio de asistencia mutua en caso de agresión por una de las partes. En 1950, esta lógica se refuerza significativamente con la amenaza de la guerra de Corea. En efecto, los occidentales temen que el ataque de una coalición comunista en el sur de la península sea, en realidad, el ensayo de una ofensiva en Europa. Entonces deciden remilitarizar la RFA, que entra en la OTAN en 1955, e instalan un Estado Mayor permanente en el centro de Europa.

Los Estados Unidos, siguiendo sus objetivos geoestratégicos, firman otras alianzas militares con el objetivo de rodear por completo a la Unión Soviética y evitar su expansión. En septiembre de 1951, firman un pacto militar de defensa del Pacífico (ANZUS) con Australia y Nueva Zelanda. En septiembre de 1954 nace la Organización del Tratado de Asia del Sudeste (OTASE), que agrupa a ocho países, incluyendo Francia, Pakistán, Tailandia, Filipinas y Gran Bretaña. En particular, esta alianza apoyará a los Estados Unidos durante la guerra de Vietnam. Finalmente, el 25 de febrero de 1955, los Estados Unidos firman el Pacto de Bagdad con Irak, Turquía, Irán y Pakistán. Esta serie de tratados permite, por una parte, cerrar el acceso a los mares, creando espacios económicos favorables al capitalismo y, por otra, bloquear el movimiento panárabe creando divisiones en esta región. Estas maniobras occidentales representan amenazas para la URSS, que recurre a la propaganda para denunciar el imperialismo norteamericano. En 1955, frente a la entrada de la RFA en la OTAN, la Unión Soviética concluye el Pacto de Varsovia con sus satélites europeos (Albania, Bulgaria, Hungría, Polonia, la RDA, Rumanía y Checoslovaquia), una alianza militar multilateral que tiene el objetivo de contener las fuerzas de la OTAN. Además, se acerca al presidente egipcio Nasser y apoya el movimiento panárabe, algo que crea un desequilibrio en Oriente Medio.

En realidad, estas organizaciones militares son los receptáculos de la carrera armamentística que libran en secreto las dos grandes potencias desde 1949. A pesar del abismo ideológico que las separa, estas alianzas militares aseguran *de facto* una estabilización de las relaciones internacionales que, sin embargo, no impide que continúen las tensiones Este-Oeste.

EL EQUILIBRIO DEL TERROR

La «Pax atomica» (paz atómica) o el equilibrio del terror permite la coexistencia «pacífica» y la continuación de la Guerra Fría entre las dos superpotencias. Los bombardeos estadounidenses de Hiroshima y Nagasaki, en 1945, dan a conocer al mundo entero el efecto destructivo de estas nuevas armas, pero también su alta capacidad disuasoria. El control del armamento nuclear por parte de los soviéticos en julio de 1949 hace que, desde ese momento, una guerra atómica mundial sea posible. A partir de entonces, rusos y estadounidenses se embarcan en una carrera armamentística y compiten encarnizadamente en los ámbitos de la fuerza de ataque y del potencial de defensa. Este enfrentamiento también permite que las superpotencias reactiven un complejo industrial-militar altamente eficaz desde el punto de vista económico y científico. La carrera rápidamente adquiere proporciones impresionantes: las armas producidas cada vez son más poderosas y complejas.

En los años cincuenta se desarrolla la teoría de la Destrucción Mutua Asegurada (DMA), también conocida como «estrategia de represalia masiva» para disuadir a una de las potencias de atacar a la otra. Durante los años sesenta, el presidente John F. Kennedy (1917-1963) implementa la teoría de la respuesta gradual, que permite los combates de alcance limitado en caso de agresión. La potencia nuclear de los Estados Unidos y de la Unión Soviética les obliga a controlar los riesgos de un conflicto armado mundial. A partir de ese momento, cada uno busca reducir las tensiones entre los dos bloques y normalizar las relaciones diplomáticas. Más que nunca, las superpotencias se convierten en árbitros de un mundo bipolar donde los conflictos abiertos solamente pueden producirse en los márgenes (Corea, Vietnam, Afganistán) y donde la población vive constantemente con el temor de una guerra nuclear.

LA COEXISTENCIA PACÍFICA (1953-1962)

Después de una fase inicial de fuertes tensiones entre las dos superpotencias que se termina con el final de la guerra de Corea, somos testigos de una estabilización de las relaciones internacionales. La muerte de Joseph Stalin, en marzo de 1953, contribuye en gran medida a esta calma, del mismo modo que la emancipación de los antiguos pueblos colonizados. El nuevo líder soviético Nikita Kruschev (1894-1971) es un moderado con una apertura hacia el mundo mucho mayor que la de Stalin, y recupera la idea de una coexistencia pacífica entre los bloques —es decir, dividir el mundo en zonas de influencia americanas y soviéticas—, teniendo en cuenta las nuevas relaciones de fuerza relacionadas con la descolonización.

Durante el XX Congreso del Partido Comunista soviético, que tiene lugar en febrero de 1956, Kruschev denuncia por primera vez las atrocidades estalinistas, inicia un proceso de desestalinización del aparato del estado ruso y disuelve la Kominform. Las condiciones de vida en la Unión Soviética mejoran gracias a varias medidas tomadas por el nuevo líder ruso. En materia de derechos humanos, liberaliza un poco la economía y la agricultura, comienza una reactivación del consumo, libera a 600 000 prisioneros de los gulags y rehabilita en parte la vida intelectual rusa. Sin embargo, no está listo para escuchar las demandas y movimientos de oposición que nacen en los países satélite de Europa del Este. En efecto, la desestalinización conduce a algunos gobiernos a esperar el cambio. Este es el caso de Polonia, pero sobre todo de Hungría, donde estalla una rebelión para traer de vuelta al poder al comunista reformista Imre Nagy (1896-1958) y apartar al estalinista Mátyás Rákosi (1892-1971). Pero Kruschev sofoca esta insurrección de forma brutal, matando a 25 000 personas y provocando el exilio de unas 150 000. Imre Nagy es arrestado y ejecutado en 1958. Pero como la coexistencia pacífica implica una no intervención en los asuntos del otro bloque, los Estados Unidos se quedan en un segundo plano. Sin embargo, tratan de negociar a nivel internacional con la Unión Soviética apoyando la propaganda anticomunista en los Estados Unidos. Tampoco intervienen mucho más para defender a sus aliados franceses y británicos durante la crisis de Suez.

LA CRISIS DEL CANAL DE SUEZ

En junio de 1956, el presidente egipcio Gamal Abdel Nasser, fiel a sus compromisos panárabes, decide nacionalizar el canal de Suez, un paso de gran valor estratégico situado en Egipto y controlado hasta ese momento por una empresa comercial anglo-francesa llamada la Compagnie du canal. Para tratar de recuperar sus derechos, Francia y Gran Bretaña se alían con el ejército israelí, muy cercano, y atacan Egipto. Los soviéticos, que apoyan a Nasser desde hace poco tiempo, amenazan a los occidentales con una intervención militar en el conflicto. Los franco-británicos piden entonces la ayuda de los Estados Unidos, que se niegan, priorizando los intereses de la coexistencia pacífica.

Sin embargo, el deshielo en las relaciones Este-Oeste no silencia la guerra ideológica, económica y geoestratégica entre las potencias y cuya intensidad aumenta a finales de los años cincuenta. En ese momento, dos grandes crisis por poco desatan en el mundo una guerra nuclear entre Este y Oeste. En primer lugar en Alemania, donde el problema de Berlín nunca se ha resuelto. Desde la división del país, la capital alberga dos sistemas antagónicos. La parte occidental de la ciudad desempeña el papel de escaparate del sistema liberal capitalista y, desde la apertura de las relaciones fronterizas llevada a cabo por Kruschev, los berlineses del Este tratan de huir en masa a Occidente, donde las condiciones de vida parecen mucho más atractivas. En 1961, tres millones de personas ya han cruzado la frontera, algo que para la Unión Soviética representa tanto una humillación como una desventaja económica. Entonces, se entablan conversaciones para intentar resolver el asunto de Berlín, en vano. Ante la negativa de los Estados Unidos de renegociar Berlín Occidental, los soviéticos levantan un muro alrededor de su zona durante la noche del 12 al 13 agosto de 1961.

La construcción del muro de Berlín.

El muro de Berlín, vigilado día y noche por el ejército ruso, degrada inmediatamente las relaciones soviético-estadounidenses. Visto como un símbolo del autoritarismo soviético, el «muro de la vergüenza» enfatiza la ruptura ideológica entre las dos Alemanias y refuerza la esperanza de un cambio en Europa del Este. Pero, al mismo tiempo, se produce una segunda crisis a causa de la toma del poder en Cuba del militante nacionalista Fidel Castro (nacido en 1926), el 1 de enero de 1959. El nuevo régimen se acerca entonces a la URSS a través de Che Guevara (revolucionario cubano, 1928-1967) y, en abril de 1962, Cuba entra oficialmente en el bando socialista. Los Estados Unidos, preocupados por la presencia de un bastión comunista en América Latina, excluyen a Cuba de la organización económica americana y refuerzan los regímenes anticomunistas en Sudamérica. Aislado, Fidel Castro pide ayuda económica y militar a la Unión Soviética, y Kruschev se la concede. Pero además de dinero, el acuerdo prevé la instalación de plataformas de lanzamiento y de misiles nucleares en Cuba. En octubre, el presidente John Fitzgerald Kennedy, ante el hecho consumado, ordena bloquear el acceso marítimo a la isla e impone la cancelación inmediata del contrato militar vigente. Frente a la intransigencia de Kennedy, el líder soviético se rinde, aunque solamente lo hace tras haber obtenido la garantía de que los Estados Unidos no atacarán Cuba.

A finales de los cincuenta, los dos bloques dejan entrever algunos defectos. En el lado oriental, la China de Mao muestra, desde mediados de la década, su oposición a la coexistencia pacífica y a la política «timorata» de la Unión Soviética durante la crisis de Cuba. La alianza sino-soviética se rompe en 1959, presagio de fuertes tensiones entre los dos regímenes para ver quién tendrá una mayor influencia en el comunismo mundial. A partir de 1960, los partidos comunistas de Albania, Corea del Norte e Indonesia deciden seguir a China. Dos años después, estalla un enfrentamiento entre China y la Unión Soviética, que se acusan abiertamente en el escenario internacional, y esta tensión está a punto de desembocar en un conflicto armado en varias ocasiones. En Occidente, la Francia del general De Gaulle, en respuesta a los deseos unilaterales del presidente estadounidense Kennedy, trata de colocarse en una posición de liderazgo en Europa occidental. Para conseguirlo, el 27 de enero de 1963 rechaza la candidatura británica de adhesión a la Unión Europea, y promueve una amistad franco-alemana. En el plano militar, De Gaulle manifiesta su deseo de independencia mediante la retirada parcial de sus tropas de la OTAN. De esta manera, se posiciona como un actor influyente en Europa, susceptible de debilitar el condominio.

LA DISTENSIÓN (1964-1975)

Puesto que la crisis de los misiles en Cuba permitió que los dos grandes entendieran que una guerra nuclear era totalmente posible, Kennedy y Kruschev deciden iniciar una fase de acercamiento mediante el establecimiento de un teléfono rojo entre Washington y Moscú. Poco después, Nikita Kruschev se ve obligado a retirarse del poder tras las divisiones ocurridas en el mundo comunista, pero también porque no ha sabido corregir la situación económica de la URSS. Leónidas Breznev (1906-1982) lo sucede en 1964. Mientras tanto, el 22 de noviembre de 1963, John Fitzgerald Kennedy es asesinado en Dallas. Su vicepresidente, Lyndon Baines Johnson (1908-1973), toma entonces las riendas del país.

A pesar de que el conflicto vive un periodo de calma, el duopolio de Estados Unidos y la Unión Soviética cada vez está más cuestionado y, poco a poco, los países comunistas tratan de diferenciarse de la política brutal de Moscú. La situación no es mucho mejor en los Estados Unidos donde, a pesar de haber una buena coyuntura económica, la década se caracteriza sobre todo por la participación en la guerra de Vietnam, donde en 1968 hay cerca de 550 000 soldados estadounidenses destinados.

LA GUERRA DE VIETNAM

Los Acuerdos de Ginebra, que ponen fin a la guerra de Indochina en 1954, anuncian la partición de Vietnam en dos regímenes opuestos. En el norte, Ho Chi Minh encabeza un estado comunista, la República Democrática de Vietnam del Norte. En el sur, se establece un régimen pro-occidental encabezado por Ngo Dinh Diem (1901-1963), que lleva una política dictatorial. En 1960, aparece una oposición de izquierdas (el Viet Cong) en las capas rurales del sur y se extiende rápidamente a las ciudades y los círculos budistas. El Viet Cong no duda en poner en marcha una guerrilla para derrocar a Ngo Dinh Diem. Entonces, los Estados Unidos deciden intervenir para mantener el régimen establecido. El ejército de Vietnam del Sur no logra superar a los insurgentes, por lo que Lyndon B. Johnson implica a las tropas estadounidenses en el combate en 1964. Los bombardeos estadounidenses van especialmente dirigidos a Vietnam del Norte, comunista.

Pero el conflicto se estanca y los soldados estadounidenses terminan recurriendo a técnicas de guerra muy controvertidas (guerra psicológica, tortura, armas químicas, etc.). Frente al coste humano y económico exorbitante de la guerra, pero también ante las críticas que se multiplican en todo el mundo, los Estados Unidos se retiran gradualmente del conflicto, dejando que los vietnamitas lo resuelvan por sí solos. El 27 de enero de 1973, los Acuerdos de París firman la retirada definitiva de los Estados Unidos.

Mientras el mundo comunista experimenta profundas divisiones tras la retirada de Kruschev, el régimen soviético se endurece. Deseando marcar sus distancias con las reformas de su predecesor, Breznev vuelve a un régimen mucho más conservador, abogando por una estricta disciplina de partido. El nuevo gobierno se compromete a reconstruir la Unión Soviética, a normalizar sus relaciones con el Oeste y a apoyar a los movimientos «progresistas» que luchan por el poder. La administración también trata de cerrar filas en torno al poder soviético. Este período está marcado por tensiones cada vez mayores entre la URSS y China, que trata de desmarcarse en la escena internacional. Las autoridades chinas, que disponen de la tecnología nuclear desde 1964, realizan un acercamiento diplomático con los Estados Unidos y con Europa. A partir de 1966, el Imperio del Centro se aísla al llevar a cabo una revolución cultural muy criticada en el plano internacional. En el bando soviético, Breznev aprovecha para restaurar la autoridad soviética reprimiendo brutalmente el deseo de cambio que surge de

Europa del Este, ensuciando todavía más la imagen que se tiene de la URSS en todo el mundo.

En Checoslovaquia, la revuelta de la población lleva al poder al líder comunista Alexander Dubcek (1921-1992), que comienza una larga serie de reformas con el objetivo de abrir el régimen. Es el inicio de la Primavera de Praga, que pretende instaurar un socialismo con un rostro humano. Este movimiento, que según Moscú representa una crítica acerba de la autoridad soviética, se disuelve con una importante intervención armada. Breznev aparta a Dubcek del poder e instaura la doctrina de la soberanía limitada para fortalecer la influencia de Moscú en la política militar y económica en Europa del Este.

En Polonia, la mala gestión económica de los años setenta, agravada por la fuerte inflación vinculada con la crisis del petróleo de 1973, empuja al gobierno de Edward Gierek (político comunista polaco, 1913-2001) a elevar el precio de la carne. Estas medidas originan huelgas masivas, en particular en la ciudad de Gdansk, y el gobierno termina aceptando las reivindicaciones de los trabajadores a favor del derecho de huelga y de una mayor libertad sindical. Durante el verano de 1980, aparece un sindicato independiente liderado por Lech Walesa (nacido en 1943), llamado Solidaridad, cuya red se extiende muy rápidamente por toda la sociedad polaca. Basado inicialmente en la Iglesia católica, pronto agrupa todas las formaciones anticomunistas polacas, reuniendo en poco tiempo a cientos de miles de miembros. Solidaridad es más que un simple sindicato: se convierte en la base de las reivindicaciones políticas de los oponentes al régimen.

De esta manera, constituye rápidamente un contrapoder muy potente a ojos de los soviéticos. Para contrarrestar su influencia, el general polaco Jaruzelski (1923-2014) toma el poder mediante un golpe de Estado militar e instaura el estado de guerra, enviando al sindicato a la clandestinidad. Asimismo, se encarcela a sus miembros principales, incluyendo a Lech Walesa. Esta nueva represión en el mundo comunista no consigue esconder la influencia de la URSS, condenada enérgicamente en todo el mundo por su violación de los derechos humanos.

Dentro del bloque occidental, Francia, que ha recuperado su salud económica, actúa por su cuenta en Europa y trata de diferenciarse de Washington en su política diplomática internacional. A partir de 1964, se produce un acercamiento entre Francia y la URSS, y luego entre esta y la República Democrática de China. De esta forma, los franceses tratan de emanciparse de los Estados Unidos y de acabar con la lógica de guerra fría, imponiendo un período de distensión entre los bloques. En 1966, el general De Gaulle y el presidente Lyndon B. Johnson discrepan definitivamente sobre la cuestión de la supremacía militar de los Estados Unidos en Europa, lo que provoca la retirada del ejército francés de las fuerzas de la OTAN, así como un cuestionamiento de la alianza militar occidental.

Durante la segunda mitad de los años setenta comienza la política de distensión, marcada en particular por el desarme nuclear. El período que va desde 1972 hasta 1975 se caracteriza por un deseo genuino de acercamiento entre la Unión Soviética y los Estados Unidos. A continuación, Breznev y

Nixon concluyen muchos acuerdos en el plano económico, político y militar, como el acuerdo SALT 1 (Strategic Arms Limitation Talks) que limita el número de misiles intercontinentales que pueden poseer las potencias. Los acuerdos comerciales multiplican a su vez por ocho los intercambios comerciales entre los Estados Unidos y la Unión Soviética.

Asimismo, en Europa se produce el acercamiento nacional entre dos grandes rivales históricos, Francia y Alemania. Las relaciones entre las dos Alemanias mejoran gracias a la elección del canciller Willy Brandt (1913-1992) en 1969 y a la implementación de una política abierta hacia el Este, que le permite a la Unión Soviética comerciar con la RFA. Por su parte, Bélgica desempeña un valioso papel de mediadora entre los occidentales y los países de Europa del Este, lo que facilita las relaciones entre las dos Alemanias y suaviza la política de la OTAN. Esta fase de distensión culmina en 1975 con los Acuerdos de Helsinki, en los que participan los Estados Unidos, Canadá, la Unión Soviética y casi todos los países europeos para lograr una armonización general de las relaciones internacionales, de la cooperación económica y de los derechos humanos. Pero el apaciguamiento es frágil, y varios acontecimientos pronto enfriarán las relaciones internacionales.

LA «GUERRA FRESCA» (1979-1983)

Cuando Richard Nixon es elegido presidente de los Estados Unidos en 1969, su país está sumido en la guerra de Vietnam. Por todo el país, se desatan protestas que dividen América entre partidarios y detractores del conflicto. Esta situación termina conllevando la retirada casi total de las tropas americanas en 1973. Las dificultades económicas aumentan todavía más cuando, en respuesta al apoyo de los Estados Unidos al ejército israelí en la guerra del Yom Kipur (1973), los países exportadores de petróleo deciden cuadruplicar el precio de exportación del crudo. Esta crisis del petróleo sume rápidamente en la recesión a las economías más avanzadas. Mientras tanto, el mundo político estadounidense se tambalea tras la dimisión de Richard Nixon el 9 de agosto de 1974, después del escándalo del Watergate. El 30 de abril de 1975, las tropas de Vietnam del Norte, respaldadas por Laos y Camboya, toman el control de Vietnam del Sur en Saigón, humillando a los Estados Unidos, cuyos últimos soldados en el terreno se ven obligados a huir.

Durante las elecciones de 1976, Jimmy Carter (nacido en 1924) es elegido presidente de los Estados Unidos. Su política «pacifista» hacia una Unión Soviética amenazadora no gusta nada a los estadounidenses. A finales de los años setenta, y no sin motivo, comienza un retorno a la Guerra Fría. De hecho, el comunismo se extiende en el sudeste asiático, y los soviéticos aprovechan la descolonización de Mozambique y Angola para instalar allí sus tropas. En el año 1977, intentan desestabilizar a los Estados Unidos mediante la instalación de una serie de misiles de carga nuclear apuntando hacia Europa. Entonces, Jimmy Carter espera convencer a Breznev para que los retire, en vano. La OTAN reacciona y decide doblegar al hombre de Estado ruso con la amenaza de instalar en Europa misiles que apunten hacia la Unión Soviética. Es el comienzo de la crisis de los euromisiles, y en las capitales occidentales se organizan manifestaciones apoyadas por los partidos comunistas. La situación se complica todavía más en diciembre de 1979, cuando las tropas rusas deciden invadir Afganistán para proteger al régimen comunista de Kabul y frenar la revolución musulmana que alimenta las tensiones. Los estadounidenses, que ya han perdido el control de Irán tras la revolución islámica, deben permanecer imperativamente en esta región estratégica. La opinión pública está indignada ante la maniobra soviética y, por lo tanto, el ejército estadounidense apoya a las guerrillas musulmanas en Afganistán. Esta elección de agredir a un país asiático está muy mal vista por el tercer mundo, que se aleja de Moscú, así como por los países de Europa del Este, que se acercan económica y socialmente de los países occidentales. La Unión Soviética se aísla cada vez más en la escena internacional y se adentra en una grave crisis económica, que el presidente de los Estados Unidos Ronald Reagan (1911-2004), electo en 1981, pronto explotará. La muerte de Breznev en 1982 desencadena un período de transición en la autoridad soviética. El poder se le confía a Yuri Andrópov (1914-1984), y posteriormente a Konstantín Chernenko (1911-1985), pero no logran mejorar la situación de la Unión Soviética.

Conscientes de su superioridad, los Estados Unidos entienden que tienen la posibilidad de acabar con la Guerra Fría de forma permanente, atacando los puntos débiles de la Unión Soviética. Junto con su asesora de política exterior Jeane Kirkpatrick (1926-2006), Reagan comienza una lucha feroz contra la Unión Soviética para reprimir el comunismo mundial. Para ello, la doctrina Reagan apoya las dictaduras anticomunistas en Centroamérica para oponerse al movimiento sandinista (movimiento revolucionario de inspiración marxista). En este contexto, los americanos forman algunas milicias (las «contra») a partir de 1981, cuyas acciones atroces son justificadas por la administración americana como una necesidad para vencer al mal. En Europa, esta política recibe el apoyo de nuevos electos, como Margaret Thatcher (1925-2013) en Gran Bretaña y Helmut Kohl (nacido en 1930) en Alemania Occidental, ambos firmes anticomunistas. Por su parte, Ronald Reagan, en el marco del conflicto que le enfrenta a Breznev por la seguridad de Europa, hace que la OTAN instale los controvertidos misiles. Las tensiones alcanzan el límite cuando, el 5 de marzo de 1983, el ejército soviético derriba un avión civil surcoreano cerca de la costa China, sin que haya ningún superviviente.

Los soviéticos, también bloqueados en Afganistán, pierden la guerra de las armas contra los Estados Unidos. En 1983, Reagan decide poner en marcha un proyecto espacial gigantesco, la Iniciativa de Defensa Estratégica (SDI, por sus siglas en inglés), inmediatamente bautizada como «guerra de las estrellas», para destruir el poder militar soviético. Si los rusos intentan dedicar toda la energía que les queda en la reactivación de su complejo industrial-militar, los Estados Unidos ahora están mucho más avanzados en esta área.

Ronald Reagan anuncia el proyecto SDI.

EL FINAL DE LA GUERRA (1985-1988)

En febrero de 1985, Mijaíl Gorbachov (nacido en 1931) toma las riendas del poder en la Unión Soviética y anuncia una reforma estatal de gran envergadura basada en la transparencia con respecto a los problemas reales de la Unión Soviética (la glásnost), que incluye la reconstrucción de la economía y de la vida política (perestroika). Consciente de los considerables progresos de los estadounidenses en materia económica y militar, el líder soviético se acerca a los Estados Unidos, y ambos se ponen de acuerdo para reducir el armamento. De esta forma, Gorbachov piensa mantener el sistema bipolar vigente. En abril de 1988, retira a sus tropas de Afganistán. Entonces, los regímenes comunistas empiezan a desmoronarse en todo el mundo, primero en

África y luego en Asia. Aunque en el exterior el líder soviético intenta conservar los Estados satélite de Europa del Este y volver a establecer un buen entendimiento con China, en el interior del país cada vez se encuentra más aislado. Su política de transparencia provoca más incomprensión que apaciguamiento en una población rusa que ahora se informa mejor que en el pasado. Además, dentro del partido comunista, surgen diferencias que provocan fracturas entre el ala «liberal» y el ala conservadora. Poco a poco, los Estados federados piden su independencia. Polonia es la primera en liberarse del yugo soviético, seguida por el resto de Europa del Este.

Caída del muro de Berlín.

En noviembre de 1989 se produce la caída del muro de Berlín, que conduce a la reunificación de Alemania, menos de un año más tarde. La élite política soviética, que ya no cree en un restablecimiento del régimen, pronto aprovecha su posición para adueñarse de lo que queda del aparato económico del Estado, transformándolo progresivamente en una oligarquía. El régimen se derrumba definitivamente durante el año 1991, poniendo fin a 45 años de guerra fría.

REPERCUSIONES

¿UNOS ESTADOS UNIDOS TODOPODEROSOS?

Con el fin del sistema bipolar, los Estados Unidos se convierten en una potencia política, económica, militar y cultural considerable, contra la que ningún otro país puede competir en ese momento. Algunos intelectuales que expresan sus ideas a finales de los años ochenta se preguntan incluso si esta situación no significa el final de la historia y el surgimiento de un mundo en el que ya no sería posible ningún tipo de oposición. Sin embargo, después de diez años de un fuerte dominio, los ataques terroristas del 11 de septiembre de 2001 en Nueva York demuestran que existen fuerzas capaces de desestabilizar a la mayor potencia del mundo.

LA ONU Y EL DOMINIO DE LOS ESTADOS UNIDOS

A partir de 1991, la ONU se convierte en el órgano central para el mantenimiento de la paz en el mundo. Ahora liberados de los conflictos permanentes entre las grandes potencias durante la guerra fría, los estadounidenses, que están detrás de su formación, hacen intervenir más fácilmente a la fuerza diplomática de la institución para disuadir o fomentar conflictos, en función de sus propios intereses. El primer ejemplo significativo de este dominio estadounidense es la primera guerra del Golfo, que comienza en enero de 1991 con el apoyo de la ONU. Este conflicto, que tiene una duración muy corta (del 17 de enero al 28 de febrero), muestra el alcance de la superioridad militar de los Estados Unidos. Pero otros conflictos más tarde demostrarán la incompatibilidad entre el deseo de paz manifestado por los Estados Unidos y sus acciones concretas. El Estado de Israel, considerado por algunos conservadores como una «provincia americana», por ejemplo, no muestra demasiada preocupación ante las Naciones Unidas, a pesar del carácter controvertido de sus acciones contra el pueblo palestino. África, que no posee demasiado interés para los Estados Unidos, será rápidamente abandonada, a pesar de las atrocidades de las guerras que tienen lugar en el continente, del alcance del hambre y de la pobreza que lo invaden.

UNA NUEVA ERA ECONÓMICA

El fin de la Guerra Fría abre la puerta, en la década de los ochenta, a una nueva era económica, la de la globalización. La caída del bloque comunista deja a los Estados Unidos la posibilidad de generalizar su sistema liberal en un territorio más amplio. El Fondo Monetario Internacional (FMI) y el Banco Mundial, nacidos en el momento de los acuerdos del GATT, en 1947, se convierten en los principales instrumentos utilizados para regular el nuevo orden económico.

La Unión Europea, por su parte, se convierte en una comunidad económica de libre comercio en 1957. Persiguiendo el objetivo de liberalizar el continente europeo sobre la mayor base posible, se extiende en un primer momento hacia los países del Sur (Portugal, Grecia, España) y luego hacia Escandinavia y por último, más de diez años después del final de la Guerra Fría, hacia los países de Europa del Este (países bálticos, Croacia, Eslovenia, Polonia, Eslovaquia y República Checa).

Finalmente, en Asia, Japón sale de la Guerra Fría en una posición fuerte, pero posteriormente sufre una crisis económica continua. China, en cambio, que ahora vincula a su régimen comunista con la economía capitalista, experimenta un crecimiento económico fulgurante desde mediados de la década de 1990 y alcanza el grado de tercera potencia económica del mundo en 2009. Por su parte, Rusia reaparece con fuerza en la escena internacional durante la década de 2000.

EL SURGIMIENTO DE NUEVOS CONFLICTOS

Sin embargo, algunos Estados no participan en estos progresos. El tercer mundo como un todo coherente se divide y termina desapareciendo. A pesar de algunos progresos reales en términos de atención sanitaria, las tasas de mortalidad en los países del hemisferio sur son muy preocupantes. En África, la retirada de las potencias aliadas, occidentales y soviéticas provoca guerras de una violencia sin precedentes. En América Latina, algunas redes mafiosas reemplazan a gobiernos débiles o corruptos para organizar un tráfico de drogas destinado en primer lugar a los Estados Unidos y a Europa. En Colombia y Bolivia, sobre todo, se implementan algunos cárteles gigantes y extienden su influencia a toda la sociedad, generando también un nivel alto de violencia letal. En Asia, los gobiernos comunistas hostiles a los occidentales persisten principalmente en Corea del Norte, donde el régimen sigue actuando como un Estado del bloque soviético.

Sin embargo, el punto de fricción más sensible se encuentra en Oriente Próximo. La guerra del Golfo de 1991 desestabiliza las relaciones en la región, entre los conservadores y los nacionalistas, pero también entre movimientos religiosos (chiismo, sunismo, wahabismo, etc.). Además, la ocupación cuasi permanente de Oriente Próximo por los occidentales desde la colonización genera hostilidades que se agudizan con el conflicto palestino-israelí. La toma del poder de los partidos religiosos en Irán en 1979 y luego en Afganistán en 1988 anuncia una radicalización hacia los occidentales después de la Guerra Fría. Aunque el terrorismo está presente en la región desde la década de los sesenta, aumenta de manera significativa a partir de la década de los ochenta. Este tipo de violencia constituye originalmente para los pueblos una forma de lucha proletaria para protestar contra la miseria social que les afecta, y se utiliza progresivamente como medio de presión y resistencia en las relaciones internacionales, para finalmente asociarse a algunas corrientes extremistas del islam. El islamismo fundamentalista predicado por una pequeña minoría de creyentes islámicos se convierte en enemigo del materialismo, del mundo de las finanzas internacionales, de la economía de mercado, de la que los Estados Unidos son los mayores representantes y que, además, apoyan a Israel aprovechando el petróleo árabe.

EN RESUMEN

1945
Feb.: Conferencia de Yalta
26 jun.: creación de la ONU
Jul.-ag.: Conferencia de Potsdam
14 ag.: final de la Segunda Guerra Mundial

1947
***Mar.*: implementación de la doctrina Truman**
Abr.: implementación del plan Marshall
***Sept.*: implementación de la doctrina Zhdánov**

1949
4 abr.: creación de la OTAN
División de Alemania en dos entidades distintas
Jul.: la URSS se dota de un armamento nuclear

1950-1953
Guerra de Corea

1953
Mar.: muerte de Stalin
Llegada al poder de Kruschev

1961
12-13 ag.: edificación del muro de Berlín
1962
Crisis de los misiles de Cuba
1964-1975
Periodo de distensión
1979
Dic.: invasión de Afganistán
por parte de la URSS
1979-1983
La guerra fresca
1985
Llegada al poder de Gorbachov
1989
9 nov.: caída del muro de Berlín
1991
Fin de la URSS y de la Guerra Fría

PARA IR MÁS ALLÁ

FUENTES BIBLIOGRÁFICAS

- Berghahn, Volker R. 2001. *America and the Intellectual Cold Wars in Europe*. Princeton: Princeton University Press.
- Berstein, Serge y Pierre Milza. 1996. *Histoire du XXᵉ siècle. 1945-1973*, tomo 2. París: Hatier.
- Best, Antony, Jussi M. Hanhimäki, Joseph A. Maiolo y Kirsten E. 2004. *International History of the Twentieth Century*. Londres: Routledge.
- Corm, Georges. 2007. *Histoire du Moyen-Orient*. París: La Découverte.
- Defty, Andrew. 2005. *Britain, America and Anticommunist Propaganda (1945-1953)*. Londres: Routledge.
- Dockrill, Saki R. y Geraint Hughes. 2006. *Palgrave Advances in Cold War History*. Basingstoke: Palgrave MacMillan.
- Fontaine, André. 2004. *La guerre froide, 1917-1991*. París: La Martinière.
- Gaddis, John Lewis. 2012. *George F. Kennan: An American Life*. Londres: Penguin.
- Grosser, Pierre. 2009. *1989. L'année où le monde a basculé*. París: Perrin.
- Harman, Chris. 2013. *Un siècle d'espoir et d'horreur. Une histoire populaire du XXᵉ siècle*. París: La Découverte.
- Heffer, Jean. 2000. *La fin du XXᵉ siècle. De 1973 à nos jours*. París: Hachette.
- Hobsbawm, Eric J. 1999. *L'âge des extrêmes. Histoire du*

* court *XXe siècle*. Bruselas: Complexe.
* Kissinger, H. 2016. *Orden mundial.* Barcelona: Penguin Random House Grupo Editorial España.
* Lagrou, Pieter. 2003. *Mémoire patriotique et occupation nazie.* Bruselas: Complexe.
* Leffler, Melvin y Odd Arne Westad. 2010. *The Cambridge History of the Cold War. Crises and Détente*, tomo 2. Cambridge: Cambridge University Press.
* Mazower, Mark. 1998. *Le continent des ténèbres. Une histoire de l'Europe au XXe siècle.* Bruselas: Complexe.
* Osgood, Kenneth. 2006. *Total Cold War: Eisenhower's Secret Propaganda Battle at Home and Abroad.* Lawrence: University Press of Kansas.
* Prévot, Dominique. 2001. *XXe, le siècle des illusions.* París: Ellipses.
* Raleigh, Donald J. 2013. *Soviet Baby Boomers, An Oral History of Russia's Cold War Generation.* Oxford: Oxford University Press.
* Vaïsse, Maurice. 2000. *Dictionnaire des relations internationales de 1900 à nos jours.* París: Armand Colin.
* Vandermotten, Christian y Julien Vandeburie. 2005. *Territorialités et politique.* Bruselas: Éditions de l'Université Libre de Bruxelles.
* Werth, Nicolas. 1990. *Histoire de l'Union soviétique.* París: PUF.

FUENTES ICONOGRÁFICAS

* Fotografía tomada durante la Conferencia de Yalta. © US Army Signal Corps.
* Retrato de Stalin. La imagen reproducida está libre de

derechos.

- Retrato de Harry S. Truman. © Edmonston Studio.
- Retrato de George Kennan. © Harris & Ewing.
- Fotografía tomada durante la guerra de Corea. © US Defense Imagery.
- La construcción del muro de Berlín. © The Central Intelligence Agency.
- Ronald Reagan anuncia el proyecto SDI. © US National Archives and Records Administration.
- Caída del muro de Berlín. La imagen reproducida está libre de derechos.

en50MINUTOS.es
Historia
Economía y empresa
Coaching
EL DIAGRAMA DE ISHIKAWA
Material
Método
Máquina
Madre Naturaleza
Medida
Hombres
LA GUERRA DE PALESTINA DE 1948
DOMINA EL ARTE DEL NETWORKING